Für Alice, Merr und Mac

*Die Gute und die Schlechte Regierung und ihre Auswirkungen auf Stadt und Land* ist ein berühmtes Fresko, das Ambrogio Lorenzetti um die Mitte des 14. Jahrhunderts malte. Auf der Straße, die zum Markt führt, ist ein Schweinchen zu sehen. Es hat ein schwarzes Fell mit einem breiten weißen Streifen um die Mitte, und es gehört zur Art der Cinta Senese. Cinta kommt vom italienischen Wort *cintura* („Gürtel"), Senese bedeutet aus Siena.

Früher waren die Cinta Senese-Schweine in der Toskana sehr verbreitet. Dann wurden sie seltener, aber heute werden sie in der Chianti-Gegend wieder gezüchtet: oft kann man sie in kleinen Gruppen an einem Hang weiden sehen oder auf Futtersuche in den Wäldern.

Das gigantische Fresko erstreckt sich noch immer über eine ganze Wandseite des Friedenssaals im Palazzo Pubblico, wo der Künstler es vor über 650 Jahren gemalt hatte. In diesem Buch könnt ihr Lorenzettis reizende Szenen aus dem Leben in der Toskana bewundern… aus der Sicht unseres Schweinchens.

Zu großem Dank bin ich Louise Ames, Cesare Chini, Malcolm Howard, Helen und Peter Neumeyer, Alice Proctor, Jenna und Merr Shearn, Tyra Segers und vor allem Richard Mello verpflichtet. Sie leisteten zur Entstehung dieses Buchs einen wertvollen Beitrag, ebenso wie der Sinn für Humor und die Unterstützung von Mario Curia und dem Team von Mandragora, dem Florentiner Verlag, der Cinta und mir auf dieser Reise das Geleit gab. [N.S.H.]


Texte und Illustrationen von Nancy Shroyer Howard.

Mandragora s.r.l.
piazza del Duomo 9, 50122 Firenze
www.mandragora.it

*Redaktion, Grafik und Umbruch*
Monica Fintoni, Andrea Paoletti, Paola Vannucchi

*Übersetzung*
Felicia Letsch

*Fotografie*
Studio Lensini, Siena

Gedruckt in Italien bei Alpilito, Florenz

ISBN 978-88-7461-133-1

Nancy Shroyer Howard

# Die Toskana steht Kopf

Ein Schweinchen wirbelt
durch ein berühmtes Fresko aus Siena

Mandragora

Darf ich vorstellen: ich bin der Held dieser Geschichte. Ich bin auf einem Fresko aus Siena zu sehen, das sehr schön und sehr berühmt ist.

Hast du mich entdeckt?
Hier bin ich, mitten im Bild.

Ich bin ein Cinta Senese-Schweinchen, ein Schwein aus Siena. Du kannst mich Cinta (Tschinta) nennen. Mein Name kommt vom italienischen Wort für Gürtel, und auf den weißen Gürtel um meinen Bauch bin ich mächtig stolz.

Dieses berühmte Fresko ist fast 700 Jahre alt, aber ich fühle mich noch immer jung, wie du in dieser Geschichte sehen wirst, die sich um mich dreht: um Cinta.

Auf einem fernen Hügel ließ sich der Morgen recht gut an für Cinta. Er füllte seinen prächtigen schwarzen Leib mit vierzehn wurmstichigen Äpfeln, sechsundzwanzig matschigen Feigen, zehn fauligen Karotten und den süßen Kernen von zwei Granatäpfeln. Der schöne weiße Streifen um seinen Bauch spannte wie ein zu enger Gürtel. Cinta wedelte zufrieden mit dem schwarzen Schwänzchen.

Cinta war gerade bereit für ein Nickerchen,
als er Schritte hörte.

„Heute geht's in die Stadt, Cinta!"
verkündete sein Herr.
„Du bist reif für den Markt."

„Fantastisch!“
dachte Cinta.
„Ich war noch nie
in einer Stadt.“

Cinta setzte sich in Trab, ohne dass sein Herr die Peitsche gebrauchen musste. Es gab ja so viel zu sehen!
Sie gingen durch die Weinberge eines großen Schlosses.
Die Trauben waren herrlich reif und saftig.
Cinta wollte unbedingt davon naschen.
Er stoppte, warf sich auf den Rücken und tat so, als wäre er eingeladen.

Sein Herr schwang
die Peitsche über Cintas
Bauch und schimpfte:
„Benimm dich gefälligst!“
Er legte eine Kette
um Cintas Hinterbein.

Cinta und sein Herr kamen an einem goldenen Feld vorbei.
Gebückte Bauern mähten das Korn,
andere droschen die geernteten Ähren.
Die Weizenkörner flogen in alle Richtungen.
Cinta beugte sich vor, um ein paar zu futtern, aber da
brannte ihm die Peitsche seines Herrn auf dem Hinterteil.
Cinta quiekte, und sie zogen weiter.

„Wie gern würde ich
mich zum Ausruhen
an einen Heuhaufen
lehnen“, dachte Cinta,
„und die Hühner necken.“

Cinta war völlig erledigt. Er hatte sein ganzes Leben im Schweinestall verbracht – ohne jemals einen Fuß in die große weite Welt zu setzen.

Auf der Straße begegneten sie einem Bauern, der mit seinem Maulesel auf dem Weg zur Mühle war.

Zum Spaß tat Cinta so, als würde er auf dem Maulesel reiten. Er sprang in die Luft und zappelte mit den Hufen.

Er sah sich schon
davongaloppieren.
„So würde ich gern in die
Stadt reiten!“ dachte er. Aber
sein Herr fand das nicht lustig.
Mit einem Stoß beförderte er ihn
die Straße hinunter.
Cinta sah eine Schafsherde, einen
Olivenhain und einen Weinberg.

Sein Herr zog ihn den Hügel hinab zur Mühle. Das Flusswasser wirkte sumpfig, aber einladend kühl.

Cinta hatte eine großartige Idee. „Es wäre fabelhaft, in die Stadt zu schwimmen!“

Er streckte sich aus und tat so, als würde er auf dem Wasser treiben. Sein Herr zog an der Kette. Cinta erhob sich eilig und trabte ihm keuchend am Flussufer hinterher.

Sie kamen an zwei Ochsen vorbei, die ein Feld pflügten. „Lieber in die Stadt gehen als arbeiten“, schnaubte Cinta.

Bald darauf vernahm er staunend von einer Brücke her ein Wiehern von Maultieren, ein Hufestampfen und die Rufe der Händler. „Das hört sich interessant an“, entschied er.

TALAM

Cinta und sein Herr marschierten
den langen Weg den Hügel hinauf
zur Stadt. Ein Jagdhund knurrte mit
gesenktem Kopf. Cinta schnaubte
und hüllte ihn dabei in eine Staubwolke.
Er grunzte: „Lieber in die Stadt gehen
als mit dir auf die Jagd!“ Dann bekam
Cinta einen fürchterlichen Schrecken.

„Hilfe! Was ist das denn?“
Nur mit einem raschen Sprung
zur Seite konnte Cinta den Pferden
von zwei Jägern ausweichen,
die beinahe auf ihn getreten wären.
Empört reckte er die Schnauze
und wollte protestieren.

Da erlebte Cinta
die größte
Überraschung
seines Lebens.

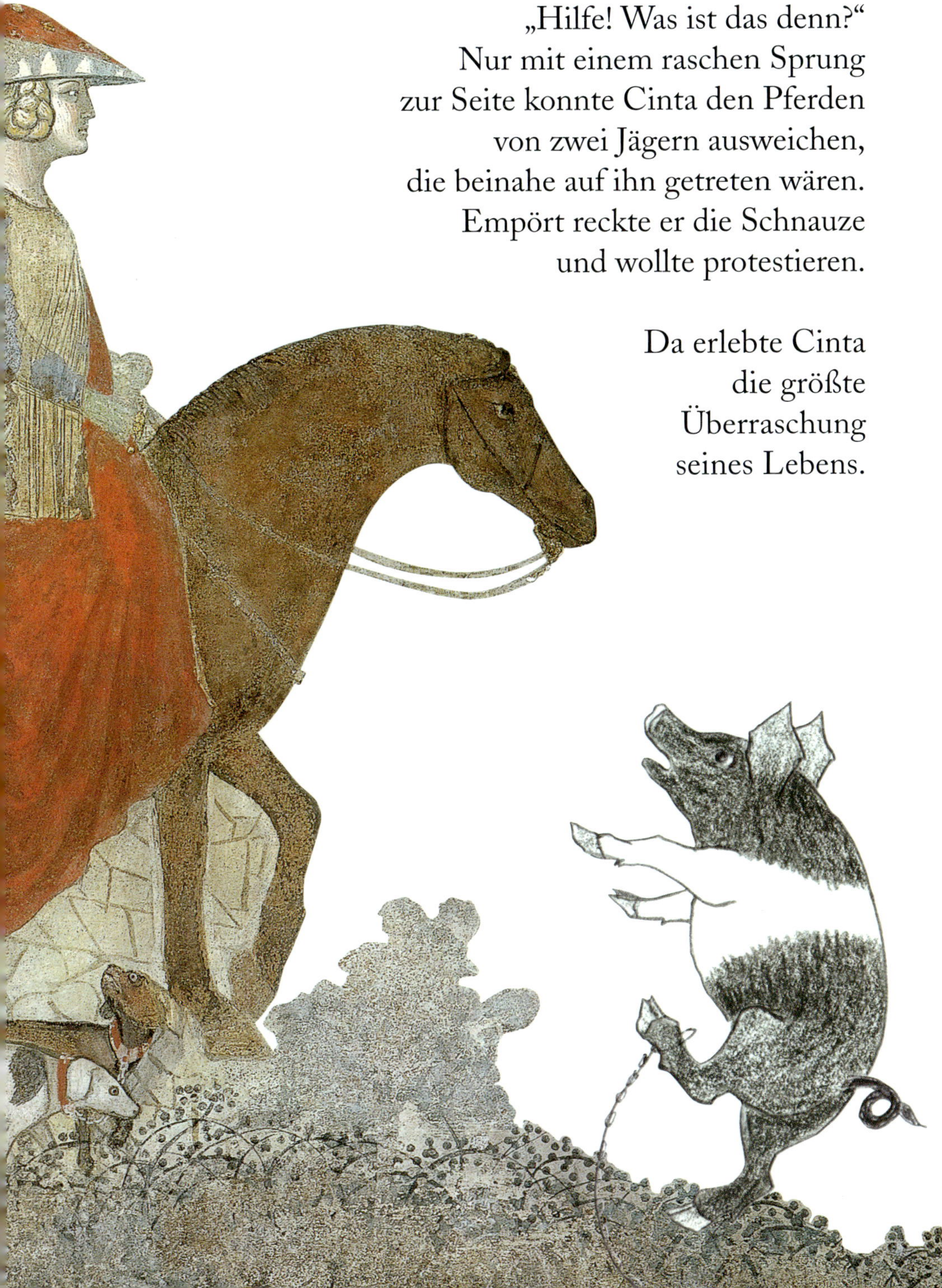

Die Stadt!

Mit ihren hohen
Backsteinmauern!
Und einem großen Turm!
Und dem Stadttor!

„Juhuuuuuuuuuuuuuuuuuu!“ schrie Cinta aus vollem Hals.

Der Falke eines Jägers flog davon.
Ein Reiter wandte sich erschreckt um.
Eine Nonne sah den Weltuntergang
nahen und fing an zu beten.

Das Stadttor stand offen.
Cinta machte einen Freudensprung.
Mit einem Ruck befreite er seinen Fuß
von der Kette und rannte los.

„Da drinnen muss es
fantastisch sein!“
schrie er begeistert.

In vollem Lauf prallte Cinta gegen einen Weber
und brachte den Stoff zum Flattern.

Er taumelte zurück und stieß
gegen einen beladenen Maulesel.
Holzstücke flogen umher,
Eier zerplatzten auf dem Boden.

Cinta raste an einem Schäfer vorbei.
Seine Herde geriet in Panik.

„Nicht übel für den Anfang!“
murmelte Cinta vor sich hin.

Cinta polterte bei einem
Schuster herein.
Die Schuhe und Stiefel
gerieten alle
durcheinander.
Cinta grunzte begeistert.
Er probierte ein Paar rote
Stiefel an und siehe da,
sie passten wunderbar.

Er hüpfte in einen
Lebensmittelladen
und stahl einen roten,
runden Käse. Die Wurst
ließ er lieber liegen.

Er hörte, wie sein Herr
nach ihm rief.
„Ganz egal“, dachte er.
„In dieser Stadt kann man
wirklich Spaß haben!“

Cinta begegnete Mädchen, die auf der Straße tanzten.
Er schnappte sich ihr Tamburin und schüttelte es heftig.
Er hopste und wirbelte zwischen den Mädchen herum.
Er sprang in die Luft und zappelte mit den Beinen.
„Ich wusste nicht, dass ich so ein flotter Tänzer bin!“ rief er.

Die Mädchen fanden es schrecklich,
mit einem Schwein zu tanzen
– noch dazu mit einem Schwein
in roten Stiefeln.
Kreischend liefen sie davon.

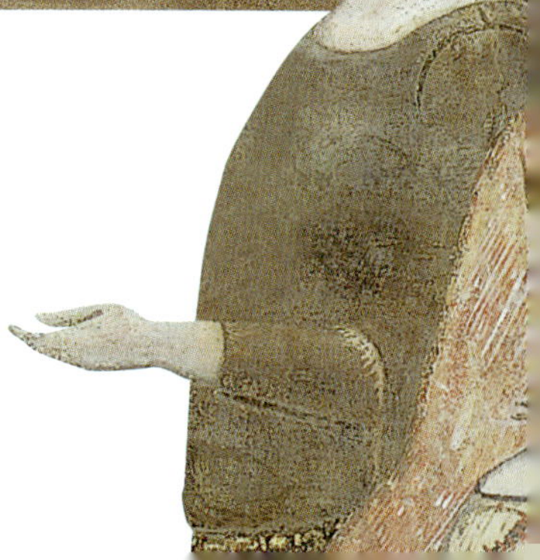

Hoch zu Ross kam eine Braut im eleganten Brautkleid heran. Cinta hatte noch nie etwas so Herrliches gesehen. Er begrüßte sie mit einem kolossalen „Quiiiiiiiiiiiiek!“

Die Pferde der Braut scheuten und fielen übereinander. Die Braut landete auf dem Boden. Ihre mit Juwelen geschmückte Krone rollte auf die Straße. Die Hochzeit wurde schleunigst abgesagt.

„Was für ein grässliches Schwein!“ riefen zwei Mädchen.

„Das muss ein Ende haben!“ brummten die Kartenspieler.

Cinta stolperte über die Krone
und wirbelte eine kleine
Staubwolke auf.
Die Händler brüllten.
Ein wütender Stoffhändler
beschimpfte ihn wüst.
Zwei vornehme Herren
waren sich einig:
„Wir müssen den Besitzer
dieses Schweins finden.“

Vom Dach eines Palastes beugte sich ein Maurer vor, um das Kuddelmuddel unten zu sehen. Die Backsteine purzelten hinunter und verfehlten Cinta nur knapp.

„So ein Schrecken!“ grunzte er und guckte nach oben. Da sah er eine schöne Veranda. „Gut für ein Nickerchen“, sagte er und begann, auf das Dach zu klettern. Er hatte die Veranda fast erreicht, da rief von unten sein Herr donnernd: „Du unmögliches Schwein! Du hast ein entsetzliches Chaos angerichtet. Man wird uns vor den Richter stellen. Man wird dich ins Gefängnis werfen, und ich kriege auf dem Markt kein Geld für dich!“

Cinta sprang hinunter und landete mit Getöse auf dem Boden. Er bekam plötzlich Angst. Er schlotterte in seinen roten Stiefeln. Sein Herr riss sie ihm von den Füßen.

Cinta und sein Herr traten vor die Tugenden,
die die Stadt leiteten.

Cinta kniete vor IVSTITIA,
der Gerechtigkeit,
die Gut und Böse
unterscheidet.
„Wir müssen
die Angelegenheit
abwägen“, sagte sie.

Cinta versuchte so bedauernswert wie möglich auszusehen. Der alte Mann, der DIE STADT vertrat, kündigte an: „Ich werde den Rat einberufen."

Der Rat der Tugenden versammelte sich.

Die Frieden genannte PAX, lehnte sich zurück
und zerquetschte dabei die Kriegsrüstung.
„Es gibt keinen Frieden!“ klagte sie.

FORTITVDO, die Tapferkeit, verkündete: „Wir müssen stark sein!“ „Wer, wir?“ fragten ihre Soldaten verlegen.

MAGNANIMITAS, die Großzügigkeit, schüttelte
die Münzen auf ihrem Schoß.
„Wir könnten ihm eine Abfindung geben", meinte sie.

TEMPERANTIA, die Mäßigkeit, seufzte:
„Wir sollten nichts überstürzen."
Cinta wurde angst und bange.

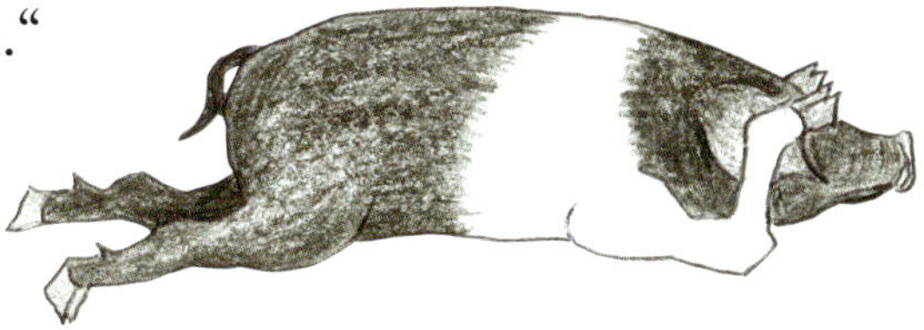

Die Tugenden kamen zu einem Beschluss.

FORTITVDO hob ihren Schild. „Dieses Schwein besitzt Tatkraft und Mut. Dem Schwein gebührt Respekt.“

MAGNANIMITAS seufzte und warf dem Herrn von Cinta eine Handvoll Münzen zu.

PAX lehnte sich in ihre Kissen zurück. „Ich gebe dem Schwein meinen Olivenzweig und erwarte dafür ein bisschen Ruhe und Frieden.“

TEMPERANTIA blickte
zu Cinta hinunter.
„Weil er unsere Stadt so liebt,
vergebe ich ihm seinen Unfug.
Aber er muss fort, bevor er
wieder etwas anstellen kann."

IVSTITIA sagte abschließend:
„Das Urteil ist gerecht."

DIE STADT rief donnernd:
„Hau schleunigst ab
und lass dich nie mehr blicken!"

Angewidert zog Cintas Herr durch das Stadttor davon.

Cinta trottete am Ende der langen Kette hinterher. „Das war so ein schöner Tag“, seufzte er.

Es dämmerte. Cinta konnte die Bauernhäuser, die Weinreben, die hohen Pinienbäume und das Schloss auf dem Hügel kaum noch erkennen. Sein Herr brachte Cinta in den Schweinestall und schloss noch sorgfältiger hinter ihm ab als sonst. Aber Cinta hatte nicht die geringste Absicht, in die Stadt zurückzulaufen. Er dachte, dass die Erinnerungen manchmal das Beste sind.

Am nächsten Morgen begann der Tag – den Umständen entsprechend – ganz gut für Cinta, sein Herr warf ihm einen Korb mit zehn Bund fauler Radieschen, zwei schimmeligen Kohlköpfen und vier wurmstichigen Pfirsichen hin. Cinta verschlang alles mit Genuss.
Als sein Herr sich umdrehte, fraß er schnell auch noch den Korb. Dann rollte er sich auf seinem Olivenzweig zusammen. „Ob ich mich noch an alles erinnern kann, was gestern war?“ fragte er sich.
Er kramte in seiner Erinnerung, und langsam entstand vor seinem inneren Auge das ganze Bild:

das rote Schloss, die Bauern,
das Maultier, die Hügel,
die Mühle und die Brücke,
die Stadtmauern und das Tor,
der Holzfäller, die Eier,
die Schuster, der Käse,
die Tänzerinnen
und das Tamburin,
die Braut auf dem Schimmel,
der Stoffhändler, die Maurer,
die Veranda – und sogar
der Vogel in seinem Käfig.

„Ich glaube“, grunzte
Cinta, „sie werden
immer da sein.“

HIER AUSKLAPPEN

VOLGIETE GLIOCCHI ARIMIRAR COSTEI VOCHE REGGIETE CHE